KB043274

비상

비 상

양광모 지음 | 박수현 그림

푸른길

작가의 말

아무도 내게 '귀뜸'이 '귀띔'의 잘못된 말이라는 것을 귀띔해 주지 않았다. 아무도 내게 인생이 무엇인지, 청춘의 시기는 어떻게 값지게 보내야 하는지, 결혼과 부부 관계에 있어 가장 중요한 것은 무엇인지, 노년을 위해 준비해야 할 것은 무엇인지 귀띔해 주지 않았다. 성공과 행복은 무엇인지, 죽고 싶을 만큼 절망적인 순간에도 어떻게 하면 희망과 용기를 잃지 않을 수 있는지 귀띔해 주지 않았다. 열 명의 친구를 만드는 것보다 한 명의 적을 만들지 않는 것이 중요하다는 사실조차 인생은 비싼 수업료를 두둑하게 챙긴 후에야 뒤늦게 귀띔해 주었다.

그렇게 세월은 빠르게 지나갔다. 사랑을 모르며 사랑을 했고, 나를 모르며 나로, 인생을 모르며 인생을 살았다. 자식의 도리도 못한 채 아비가 됐고 아비의 도리도 못한 채 앞만 보며 정신없이 질주하던 어느 늦가을 저녁, 인적 드문 거리로 요란스레 낙엽을 몰고 지나가던 바람이 내게 귀띔해 주었다.

"잘 살기 위해 잘못 살고 있는 것은 아닌가?"

두말할 것 없이 나는 아주 잘못 살고 있었다. 초보 인생이니만큼 어쩔 수 없는 일이라고 자위해 봐도 내 마음은 개운하지 않았다. 그것이 바로 내가 이 책을 쓰게 된 이유다. 여기에 실린 글은 내가 살아온 삶에 대한 애틋한 추억이자 절절한 체험이며, 쓰라린 실패담이자 농밀한 깨달음이다. 처음에는 사랑하는 딸과 아들에게 전해 주기 위한 인생 나침반으로 쓰기 시작했는데 어찌하다 보니 세상 사람들을 위한 귀띔으로 한 옥타브를 올리게 되었다.

아무쪼록 이 책이 당신의 삶에 작은 깨달음과 소소한 행복을 가져다주길 기대해 본다. 무엇보다 이 책에 실린 글귀들을 통해 당신이 지금 분주하게 걸어가는 발걸음을 멈추고 '잘 살기 위해 잘못 살고 있는 것'은 아닌지 다시 한 번 생각해 볼 수 있기를 빈다. 심장으로 쓴 책이니 부디 심장으로 읽어 주기를 바라며 마지막으로 귀띔 한마디를 덧붙여 놓는다.

"세상에는 두 가지 유형의 지혜가 있다. 인생이 제때제때 알려 주는 것들, 인생이 뒤늦게 알려 주는 것들. 후회 없는 삶을 살기 위해서는 인생이 뒤늦게 알려 주는 것들에 대해 더 많은 관심과 배움의 노력을 기울여야 한다."

차례

I

나의 이름은 희망이야

# #
희망

■

욕망에 충실하지 말고 희망에 충실하라.

■

낙관론자는 한계가 없고 비관론자는 한 게 없다.

■

절망의 동굴에 웅크리고 있다면 들리는 건 오직 박쥐 소리뿐.

■

절망이란 불청객과 같고
희망이란 초대를 받아야만 찾아오는 손님과 같다.

□

인생은 비극이다, 당신이 비극 배우라면.
인생은 희극이다, 당신이 희극 배우라면.

□

모든 일에 희망을 가져라.
고장난 시계도 하루에 두 번은 정확히 시간을 맞출 수 있다.

□

비관론자는 탈출구를 찾고
현실론자는 비상구를 찾지만
낙관론자는 돌파구를 찾는다.

□

성공이 졸업이라면 도전은 입학이다.
포기는 중퇴요, 용기는 월반, 희망은 훌륭한 교사다.

비관론자에게 인생은 전쟁터지만
낙관론자에게 인생은 전쟁터에 피어나는 한 송이 꽃이다.

고개를 숙이면 땅이 보이고,
고개를 가로저으면 앞이 보이고,
고개를 끄덕이면 하늘이 보인다.

□

희망이란 때론 밤하늘의 별과 같다.
어둠이 짙게 깔리기 전까지는
모습을 잘 드러내지 않는다.

□

희망이란 종교와 같다.
믿는 사람에게는 존재하지만
믿지 않는 사람에게는 존재하지 않는다.

□

미래란 우편함과 같다.
반가운 소식이 들어 있을지, 압류 통지가 들어 있을지는
열어 보기 전까지 아무도 알 수 없다.

■

인생이란 하나를 얻으면 하나를 잃고
하나를 잃으면 하나를 얻는 것.
비관주의자는 잃는 것에 관심을 갖고
낙관주의자는 얻는 것에 관심을 갖는다.

■

신이 세상을 공평하게 만들지 않았다는 사실은
잘 알려져 있다.
그렇지만 그에 대한 인간의 불평이
세상을 더욱 불공평하게 만든다는 사실은
그다지 잘 알려져 있지 않다.

□

노력을 해도 뜻대로 되지 않는 일이 있을 것이다.

억울해 하지 말라.

곰곰이 되짚어 보면

별다른 노력을 기울이지 않고도

쉽게 얻어진 일이 있을 테니까.

인생에서 모든 결실의 합은 모든 노력의 합에 비례할 뿐이다.

#

용기

인생을 진지하게 살기에는 나는 아직 너무 젊다.

인생에서 가장 미친 짓은 한 번도 미치지 않는 일이다.

낯 뜨겁게 만드는 사람이 있고 가슴 뜨겁게 만드는 사람이 있다.

사는 것처럼 살고 싶은가? 먼저 죽을 것처럼 한 번 살아 보라.

몸의 체온은 37도를 유지하고 영혼의 체온은 100도를 유지하라.

죽음이란 신이 정해 준 유통기한, 열정이란 신이 넣어 준 방부제.

□

대개 진부함이란 부진함이 자신의 얼굴을 가리기 위해 쓰는 마스크다.

□

자유를 얻기 위해 필요한 것은 펄럭이는 날개가 아니라 펄떡이는 심장이다.

□

가슴속에 피 끓는 열정이 없다면 그가 누워야 할 곳은 침대가 아니라 무덤이다.

□

꿈에서 점 하나를 빼면 '끔'이 된다. 그 점의 이름은 열정이다. 뜨겁게 타오르면 꿈이 되고 차갑게 식으면 꿈도 꺼진다.

□

월드컵, 올림픽, 2월 29일, 국회의원, 삶에 대한 뜨거운 열정…잊힐 때쯤이면 다시 찾아오지만 곧 우리 곁을 떠나고 만다.

\#

운명

□

운명과 갈등은 피해 다닐수록 피해가 커진다.

□

하루에 3번 참고, 3번 웃고, 3번 칭찬하라. 운명이 바뀔 것이다.

□

운명이 가위, 바위, 보 중에서 무엇을 낼지는 잘 모르겠다.
분명한 점은 내가 운명을 향해 주먹을 날릴 것이라는 사실이다.

□

나는 운명의 신이 존재한다는 사실을 부정하고 싶지 않다.
생각해 보라. 만약 그가 없다면 도대체 우리는 누구와 맞서 싸워
승리를 얻어야 한다는 말인가?

■

누구나 인생에는 세 번의 기회가 찾아온다.

운명의 여신이 미소 지을 때, 행운의 여신이 손짓할 때,

그리고 운명이나 행운의 여신 따위는 존재하지 않는다고 믿을 때.

■

아무 것도 포기할 수 없다.

언제나 포기할 수 없다.

어디서나 포기할 수 없다.

어떤 방식으로든 포기할 수 없다.

그것이 운명과의 승부인 한

나는 절대로 포기할 수 없다.

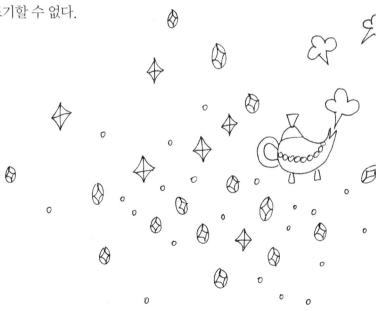

사람들이 불운에 대처하는 방법에는 세 가지가 있다.
패배자는 눈물을 흘리고
불평가는 침을 뱉고
노력가는 땀을 흘린다.
화학 성분은 비슷하지만
어떤 액체를 배출하느냐에 따라
운명이 달라진다.

lucky♡
Goo!

■

인생이라는 전쟁터에서 운명의 공세에 시달릴 때마다
나는 이렇게 묻곤 하였다.
"끝까지 싸워 이겨 전사(戰士)로 살아남을 것인가?
아니면 덧없는 패배로 전사(戰死)하고 말 것인가?"

인생은 전쟁이다. 전사(戰死)하지 말고 전사(戰士)로
살아남아라.

인생을 바꾸고 싶다면 세 가지 버릇을 바꿔라.

첫째는 **마음버릇**이다.
부정적인 생각은 버리고 항상 긍정적으로 생각하라.
둘째는 **말버릇**이다.
비난과 불평은 삼가고 칭찬과 감사를 입버릇으로 만들어라.
셋째는 **몸버릇**이다.
찌푸린 얼굴보다는 활짝 웃는 사람, 맥없는 사람보다는
당당한 사람이 성공한다.

운명을 바꾸고 싶다면 독서와 교육 그리고 훈련을 통해
마음버릇, 말버릇, 몸버릇을 바꿔라. 성공도 버릇이요,
실패도 버릇이다.

희망

생각대로 일이
잘 풀리지 않을 때
아무리 노력해도
뜻대로 되지 않을 때
무엇을 어떻게 해야
좋을지 모르겠을 때
너무 힘이 들어
한 발자국도 꼼짝할 수 없을 때
거대한 벽 앞에
서 있다고 느낄 때
천 길 낭떠러지 끝에
서 있는 것 같을 때
그래도 그냥
주저앉고 싶지 않을 때
그 순간이 되면
나를 찾아오렴
다시 새롭게 도전할 수 있는
힘을 네게 줄게
나의 이름은 희망이야

Ⅱ

인생이라는 나무에는
슬픔도 한 송이 꽃이라는 것을

성공

□

성공의 비결은 발견이 아니라 발명이다.

□

성공에는 지름길이 없고 행복에는 우회로가 없다.

□

성공의 무게를 재는 저울은 세상에 존재하지 않는다.

□

성공이 '선착순'이라면, 행운은 '뒤로 돌아 선착순'이다.

□

성공이라는 꽃밭으로 들어가는 입구는 대개 가시밭길이다.

□

성공의 비결은 남을 이기는 것이 아니라 자신을 이기는 것이다.

□

성공의 비결은 지문과 같다. 각자 자신만의 방법으로 성공해야 한다.

□

'때문에'라고 말하는 사람보다 '덕분에'라고 말하는 사람이 성공한다.

□

성공은 초대장을 보내지 않는다. 우리 스스로 성공을 초대해야 한다.

□

인생에서 성공에 대한 자신만의 정의를 갖게 되는 것, 그것이 성공이다.

□

성공이란 징검다리에 불과한 것, 개울 건너편에 더 많은 관심을 가져라.

■

행운은 자신의 자리를 불운에게 넘겨줄 것이라 생각되는 사람에게는
찾아오지 않는다.

■

노력하면 성공한다는 법은 없다.
그렇지만 노력하지 않아도 성공한다는 법은 더더욱 없다.

■

성공이란 자신이 원하는 삶을 살아가는 것,
행복이란 자신의 삶이 실패작은 아니라고 믿는 것.

■

진정한 성공이란 누군가를 부럽게 만드는 것이 아니라,
누군가에게 꿈과 용기를 주는 것이다.

■

최고의 일인이 될 수 있는지는 잘 모르겠다.
다만, 최후의 일인이 되리라는 것만큼은 분명하다.

■

성공하는 사람들은 대개 난독증 환자다.
그들은 '실패', '포기', '불가능'이라는 단어를 읽을 줄 모른다.

■

조급함은 성공으로 가는 길에 묻힌 지뢰와 같다.
서두르지 말고 천천히 가라. 더 빨리 도착할 것이다.

■

할 일이 없을 때는 빈둥빈둥 시간을 때워라.
틀림없이 허겁지겁 메꿔야 할 구멍이 미래에 생겨날 테니.

■

내가 없는 자리에서 사람들이 나를 칭찬하기 시작했다면
나는 성공에 필요한 첫 번째 법칙을 이룬 것이다.

■

시제(時制)를 바꾸면 좌우명과 묘비명이 같아지는
그런 인생을 살고 싶다. '열심히 살자'와 '열심히 살았다'처럼.

□

피땀 흘린 대가로 얻은 작고 보잘 것 없는 성취의 소중함을
깨닫지 못하는 사람은 절대로 큰 성공을 이룰 수 없다.

□

평범한 사람이 되고 싶지 않다면 방법은 한 가지뿐이다.
평범한 사람들이 하는 평범한 변명은 절대로 늘어놓지 마라.

□

나는 싱공해시 영웅이 된 것이 아니다.
실패하지 않으려면 영웅이 되어야 한다는 사실을 알았기 때문에
성공한 것이다.

□

아무 때나 포기하지 마라.
성공에도 때가 있듯이
포기에도 때가 있기 마련이다.
포기하기에 가장 좋은 때는 2월 30일이다.

□

성공이란 때론 종이비행기와 같다.
만드는 시간보다 날아다니는 시간이 짧지만
우리는 항상 기쁜 마음으로 종이를 접는다.

□

성공하지 못하는 사람들이 즐겨 쓰는 세 가지 단어가 있다.
'하필이면', '겨우', '어차피'.
그래서 그들의 인생은 '하필이면', '겨우', '어차피' 실패로 끝맺는다.

성공이란 마라톤과 같다. 42km를 달렸느냐가 중요한 게 아니라
마지막 195m를 완주할 수 있느냐가 중요하다.
끝까지 포기하지 말고 결승점을 향해 달려라.

나의 사전에 불가능이란 단어는 존재한다. 나의 사전에 포기란 단어도
존재한다. 그렇지만 두 단어의 용례(用例)는 오직 한 가지뿐이다.
"포기하는 것은 절대 불가능함"

나는 아침형 인간이 성공의 비결이라고 생각하지 않는다.
그렇다고 저녁형 인간을 성공의 비결로 추천하고 싶지도 않다.
내가 첫 번째로 손꼽는 것은 노력형 인간이다.

"어떻게 포기하지 않을 수 있었던 거죠?"라며 사람들이
의문에 찬 표정으로 성공의 비결을 물을 때마다
나 역시 놀라운 표정으로 이렇게 되묻곤 한다.
"어떻게 포기할 수 있다는 거죠?"

◻

인생에도 이따금 작전상 후퇴가 필요하다.

노력해서 안 되는 일은 없지만 노력해서 안 되는 때는 있기 마련이다.
아무리 애를 써도 승리를 거둘 수 없다면
미련을 갖지 말고 과감하게 후퇴하라.
중요한 것은 전투에서 이기는 것이 아니라
전쟁에서 이기는 것이다.

◻

성공하고 싶다면 행복하게 살아라.

미국에서 성공한 CEO들을 대상으로 성공과 행복의 상관관계를
조사하였다. 그 결과 성공해서 행복을 얻었다고 대답한 사람은 37%에
불과한 반면 나머지 63%는 하루하루를 행복하게 살았더니
성공을 얻었다고 대답하였다.
성공하면 행복해지는 것이 아니라
행복하게 살면 성공하는 것이다.

□

성공을 위해서는 항상 다섯 가지 질문을 스스로에게 건네라.

첫째, 올바른 일을 하고 있는가?
둘째, 남들과 다른 일을 하고 있는가?
셋째, 어제와 다른 일을 하고 있는가?
넷째, 어제와 다른 방법으로 하고 있는가?
다섯째, 다른 사람들과 함께 하고 있는가?

이렇게 다섯 가지 질문에 대해 '예'라고 대답할 수 있을 때
비로소 성공의 충분조건이 갖춰지는 것이다.
성공을 원한다면 매일 아침 다섯 가지 질문을
스스로에게 던져 보라.

\#

도전

■

질러라. 저질러라. 질릴 때까지.

■

약점이란 없다. 단지 약한 마음이 있을 뿐이다.

■

그늘 밑에 숨어 있다면 태양은 보이지 않기 마련.

■

명심하라. 성공에 필요한 것은 행운이 아니라 행동이다.

■

언제나 용감해질 수는 없지만 누구나 용감해질 수는 있다.

■

용기가 앞장서면 불운이 비켜 가고 두려움이 앞장서면 운명이 막아선다.

□

하고 싶은 일을 하며 인생을 살고 싶다면
먼저 하기 싫은 일부터 해 보라.

□

두려움이란 암과 같다. 조기에 제거하지 않으면
걷잡을 수 없을 만큼 커진다.

□

성공에 필요한 용기란 회전목마를 타는 것이 아니라
회전목마에서 뛰어내리는 것.

□

과거는 활이요, 현재는 화살이요, 미래는 허공이다.
우리는 멋진 궤적을 남겨야 한다.

□

용기란 두려움을 모르기 때문에 하는 행동이 아니라
옳다고 믿기 때문에 하는 행동이다.

■

가능성이란 0부터 100사이의 확률이 아니라
'할 수 있다'와 '할 수 없다' 사이의 신념이다.

■

인생에서 가장 후회스러운 일은 미처 끝맺지 못 한 일이 아니라
미처 시작하지 못 한 일이다.

■

알에서 깨어나라.
당신이 독수리인지 병아리인지는
껍질을 깨뜨리기 전까지 절대로 알 수 없다.

■

후회가 과거를 바꾸지 못하고
걱정이 미래를 바꾸지 못하며
오직 행동만이 현재를 변화시킨다.

■

직장이 마음에 들지 않는가? 그렇다면 사표를 던져라.
인생이 마음에 들지 않는가? 그렇다면 출사표를 던져라.

스스로를 '쓸 데 없는 인간'이라고 생각하는 사람이 있다면
나는 이렇게 제안하고 싶다.

"우리 집 마당으로 오라."

■

사람들은 모두 무모한 일이라며 만류했다.
사실 내가 생각해도 무모한 짓임에 틀림없었다. 그래서 그 일을 시작했다.

■

재능이란 신으로부터 받은 백지 수표와 같다.
얼마만한 금액을 써넣을 것인지는 전적으로 우리 자신에게 달려 있다.

■

모든 사람에게 똑같이 주어진 한 가지 신성한 의무가 있다.
"한 번뿐인 인생을 하고 싶은 일을 하며 살기 위해 노력할 것"

■

스스로를 '별 볼 일 없는 인간'이라고 생각하는 사람에게
내가 해 줄 수 있는 조언은 한 가지뿐이다.
"이제 그만 밤잠을 줄여라."

■

숨겨진 재능을 찾으려 노력하지 않는 것은 포장도 뜯지 않은 채 소포를
보관하는 일과 마찬가지다. 신이 무엇을 담아 보냈는지 우리는 반드시
확인해 봐야 한다.

■

살아가는 일이 외롭고 힘들 때
스스로를 두 팔로 끌어안으며 응원하라.
세상은 자기 자신을 사랑할 줄 아는 사람을 사랑하는 법이다.
지금 당신에게 응원을 보내라.

■

재능이 부족하다고 걱정하지 마라.
인생에서는 재능보다 중요한 것은 진로다.
똑같은 볼펜이지만
메모지에 쓰면 낙서가 되고
일기장에 쓰면 일기가 되며
원고지에 쓰면 대본이 된다.

Lucky♡
GOOD

■

누군가 기발한 생각을 이야기하면
"왜 나는 저런 생각을 못했을까?"라고 말하는 사람은 많다.
그렇지만 누군가 기발한 행동을 하면
"왜 나는 저런 행동을 못했을까?"라고 말하는 사람은 그리 많지 않다.
그것이 바로 대부분의 사람들이 성공하지 못하는 이유다.

■

인생을 살다 보면 어느 날 문득 이런 생각이 떠오를 날이 있을 거야.
'정말 이대로 그냥 끝나 버리는 걸까? 잃어버린 꿈을 되찾을 수 없을까?
모든 것을 접어 두고 새롭게 다시 시작할 수 없을까?'
그때가 되면 나를 부르렴. 너의 곁으로 달려가 함께 출발해 줄게.
세상을 향해 큰 목소리로 나의 이름을 외쳐 봐.
"이대로 끝내기는 너무 억울해."라고.

\#

실패

□

인생이라는 나무에는 실패도 한 송이 꽃이다.

□

실패자의 삼십육계는 핑계요, 실패자의 삼십칠계는 변명이다.

□

실패를 업신여기지 말라. 비극적인 성공이 있다면
희극적인 실패도 있기 마련일 테니.

□

실패란 실패자에게는 유쾌하지 못한 기억에 불과하지만
성공자에게는 최고의 영웅담이다.

□

실패가 성공의 어머니라면 성공은 불효자임이 틀림없다.
그토록 심하게 어미의 속을 썩였으니까.

□

대개 실패하는 사람들의 몸에는 못된 벌레 한 마리가 살고 있다.
그 벌레의 이름은 "대충"이다.

□

무릇 실패는 자충수요
성공은 외통수다.
돌다리도 두들겨 보고
건너되 외나무다리도 목숨 걸고 건너라.

□

삶의 고통으로 눈물이 흐를 때는 기억하라, 촛불이 뜨겁게 타오를수록
촛농도 더 많이 고인다는 사실을.

□

더 슬퍼라. 더 아파라. 더 비참해라. 더 낮게 추락하라.
가장 밑바닥까지 떨어져야 다시 튀어 오를 수 있다.

□

나이가 들수록 실패를 조심하라.
청춘의 실패는 기침이지만 중년의 실패는 독감이요
노년의 실패는 폐렴이다.

슬픔과 고통의 순간마다 나는 스스로에게 이렇게 속삭였다.
'너무 불행하다고 생각하지 말라. 조금 덜 행복할 뿐이다.'

성공이 새 신랑이라면 실패는 미망인 같은 것.
그렇지만 누가 더 많은 유산을 물려줄지는 아직 모르는 일이다.

실패와 좌절의 순간마다 나는 이렇게 마음속으로 되뇌곤 하였다.
'운명이 나를 위해 특별한 일들을 준비하고 있구나!'

어려움에 처할수록
10년을 계획하고
20년을 꿈꾸고
30년을 준비하라.
인생은 하루살이가 아니요
삶의 목적은 겨우살이가 아니다.

lucky
Good

■

막다른 골목에도 언제나 세 가지 길은 존재한다.
뒤돌아 가는 길, 담을 넘어가는 길, 담을 부수는 길.
인생의 막다른 길 역시 마찬가지다.

■

실패로부터 상처를 받는 것이야말로 최악의 실패다.
현명한 사람은 실패로부터 교훈을 얻고
어리석은 사람은 실패로부터 상처를 얻는다.
실패를 걸림돌이 아니라 디딤돌로 받아들여라.

■

살다 보면 자신의 모습이 정말 초라하다고 느껴지는 순간이 있을 것이다.
낙심하지 마라. 이제 그보다 더 초라해지는 일은 없을 테니까.
용수철은 가장 밑바닥에서 튀어 오르는 법이다.

◻

성공을 집으로 초대하라. 그렇지만 실패를 위해서도 의자를 마련해
둬라. 현명한 주인은 불청객에게도 환대를 보낼 줄 안다. 만약 그를
문전박대한다면 틀림없이 더 많은 제 편을 데려올 테니까.

◻

어린 아이가 걸음마를 걷기 전까지 평균 3천 번 정도를 넘어진다.
그런데 어른이 되어 서너 번 넘어졌다고 일어나지 않는다면
그 얼마나 창피한 일인가?
실패란 최고가 되지 못하는 것이 아니라 최선을 다하지 못하는 것이다.

◻

실패란 질문을 멈추는 것이다.
'왜 자꾸 실패하는 것일까?', '어떻게 하면 성공할 수 있을까?'라는 질문을
멈추고 '에라 모르겠다. 어떻게든 되겠지. 될 대로 돼라.'고 마음먹는 것이
실패다.
인생을 실패로 끝내고 싶지 않다면 절대로 질문을 멈추지 마라.

괜찮아

꿈이 없어도 괜찮아
얼굴이 못생겨도 괜찮아
키가 작아도 괜찮아
뚱뚱해도 괜찮아
건강하지 않아도 괜찮아
영어를 못해도 괜찮아
돈이 없어도 괜찮아
능력이 없어도 괜찮아
소심해도 괜찮아
실패해도 괜찮아
외로워도 괜찮아
그냥 나만 믿어
이 세상 끝나는 날까지
너를 지켜 줄게
어둠을 빛으로
실패를 성공으로
불행을 행복으로 바꿔 주는
나의 이름은 긍정이야

III

만남은 인연, 관계는 노력이다

\#

가족

□

자식 손 귀여운 줄은 알아도 부모 손 귀한 줄은 모른다.

□

참다운 교육이란 가르치는 것이 아니라 가리키는 것이다.

□

행복한 가정은 미리 누리는 천국, 불행한 가정은 미리 맛보는 지옥.

□

자녀에게 칭찬을 들려주는 것보다 중요한 일은
자녀를 칭찬할 줄 아는 아이로 키우는 일이다.

□

인생을 헛되이 살고 싶지 않다면 도장을 찍고 한 약속보다
새끼손가락을 걸고 한 약속을 더 잘 지켜라.

■

역사에 이름을 남기려 애쓰지 말고 지금 옆에 있는 사람들이 추억에
이름을 남겨라. 성공은 역사에 이름을 남기는 것, 행복은 사랑하는
사람들의 추억에 이름을 남기는 것이다.

■

현명한 부모와 어리석은 부모는 두 글자 차이다.
현명한 부모는 '하지 말라'는 말보다 '하라'는 말을 더 많이 하고
어리석은 부모는 '하라'는 말보다 '하지 말라'는 말을 더 많이 한다.

■

부모는 아이의 교사다. 어떤 부모는 "저렇게 살 거야."라고 가르치고 어떤
부모는 "저렇게 살지 말아야지."라고 가르친다. 이 사실만 잊지 않는다면
세상의 모든 부모는 저마다 훌륭한 교사가 될 수 있을 것이다.

효도의 시작은 부모에게 안부를 전하는 일이요, 효도의 끝은 부모의
안부를 챙기는 일이다. 아침과 저녁, 하루에 두 번 전화를 거는
것만으로도 누구나 효자가 될 수 있다. 돌아가신 후의 효도는 의무지만
살아 계실 때의 효도는 권리라는 사실을 명심하라.

인생이 가치 없게 느껴진다면 지금 나와 '같이' 있는 사람들을 둘러보라.
목적지보다는 동반자가, 어떻게 가느냐보다는 누구와 함께 가느냐가
인생의 가치를 결정한다. 혼자 타는 크루즈보다 사랑하는 사람과 함께
타는 오리배가 더 행복하다.

■

젊었을 때 '부모 잘못 만나 고생한다'는 원망이 생기면 꼭 명심하라. 나이 들어 '부모님이 자식 잘못 만나 호강 한 번 못 해 보시는구나'라며 한탄하게 될지도 모른다는 사실을. 좋은 부모를 만나는 일도 중요하지만 그보다 중요한 것은 좋은 자식이 되는 일이다.

■

부모가 자녀에게 꿈을 길러 주는 것은 중요한 일이다. 부모가 자녀에게 도전 정신을 길러 주는 것 또한 가치 있는 일이다. 그렇지만 부모가 자녀에게 포기하지 않는 인내심을 길러 주는 일은 반드시 필요한 일이다. 인생은 꿈을 가진 자가 성공하는 것이 아니라 포기하지 않는 자가 성공한다.

■

아들아, 인생에서 꿈을 이루고 싶다면 꼭 세 가지 사항을 실천하렴. 첫째, 학교에서는 절대로 졸지 마라. 근면과 성실은 성공의 보증 수표란다. 둘째, 사회에서는 절대로 쫄지 마라. 용기와 자신감은 성공이 요구하는 구비 서류란다. 셋째, 집에서는 절대로 조르지 마라. 아빠, 엄마에게도 꿈이 있다는 사실을 잊지 말고 보증인은 제발 다른 사람을 찾아라.

딸아, 행복한 결혼을 원한다면 세 가지 사항을 명심하렴. 첫째, 결혼에 대한 환상을 버려라. 결혼도 삶의 일부분이다. 인생을 살다 보면 기쁜 날, 슬픈 날이 교차되듯이 결혼 생활에도 행복한 날, 불행한 날이 함께 찾아오기 마련이란다. 둘째, 배우자에 대한 환상을 버려라. 배우자는 네가 사랑하는 사람이지 전지전능한 신이 아니다. 너와는 다른 생각, 네가 싫어하는 버릇, 네가 인내하기 힘든 여러 가지 잘못이나 실수를 저지를 수 있다는 사실을 잊지 말아야 한다. 셋째, 자신에 대한 환상을 버려라. 너는 완벽한 배우자라기보다는 이제 막 운전대를 잡은 초보 운전자와 같다. 아무쪼록 자신만만하게 굴지 말고 천천히 조심스럽게 결혼 생활이라는 차를 몰아라. 대부분의 접촉 사고가 처음 1년 이내에 발생한다는 사실을 잊지 말아야 한다. 마지막으로 한 가지를 덧붙인다. 부디 부모에 대한 환상도 버려라. 아기는 스스로 알아서 키우고 부부 싸움 했다고 달려오지 마라. 이제는 엄마, 아빠도 행복한 결혼 생활을 하고 싶단다.

친구

□

우정은 믿는 것이요, 사랑은 느끼는 것이다.

□

위로란 '힘내!'라고 말하는 것이 아니라 '힘들지?'라고 묻는 것이다.

□

진실한 우정은 무지개와 같다. 함께 비를 맞지 않으면 발견할 수 없다.

□

누군가에게 '기대되는 사람'보다 누군가가 '기대도 되는 사람'으로 살아라.

■

진정한 친구란 등대와 같다.
인생의 암흑에서 우리를 올바른 길로 안내한다.

■

우정이란 집과 같다.
오래도록 드나들지 않으면 먼지가 쌓이고 거미줄이 생기기 마련.

■

친구란 나의 슬픔을 등에 짊어지고 가는 사람이 아니라
그의 슬픔을 내 등에 짊어지고 가야 할 사람이다.

■

나를 위해 목숨이라도 내어 줄 수 있는 사람이 친구지만
나를 위해 목숨이라도 내어 주기를 바라는 것은 우정이 아니다.

■

말 없이 눈빛만 봐도 생각이 통하는 친구가 몇 명이나 있는가? 전화
목소리만 듣고도 기분을 알아차리는 친구, 속마음과 반대되는 말을 해도
진심을 알아 주는 친구, 나와 함께 기뻐하고 나와 함께 슬퍼해 줄 친구가
몇 명이나 있는가? 진정한 친구 한 명은 행복이요, 두 명은 행운, 세 명은
하늘이 준 축복이다.

사랑

■

삶은 산문이지만 사랑은 운문이다.

■

우정은 보증 수표지만 사랑은 백지 수표다.

■

사랑에는 증거가 없다. 오직 증인만 있을 뿐.

■

사랑은 정각 12시다. 둘이 만나 하나가 된다.

■

사랑에는 조건이 없고 이별에는 이유가 없다.

■

촛농에 데어도 촛불은 아름다운 것. 사랑 또한 마찬가지.

■

나비를 사랑하려는 사람은 꽃이 아니라 나비가 되어야 한다.

■

가끔 끼 두고 싶은 것들…
스마트폰, 시계, 너를 향한
그리움.

■

사랑에 빠지면 바보가 되지만
사랑을 멀리하면 백치가 된다.

이루지 못한 사랑이란
지키지 못한 사랑의 다른 이름일 뿐이다.

실연은 시련과 같다.
오직 시간에 의해서만 고통에 종지부를 찍는다.

명중된 화살은 상처를 남기기 마련,
큐피드의 화살 또한 마찬가지다.

사랑은 때론 유치한 것
그렇지만 사랑에 빠진 얼굴은 가장 찬란한 것.

사랑과 선물은 주는 사람이 아니라
받는 사람에 의해 가치가 결정된다.

□

사랑을 잃어버렸다고 말하지 말라.
사랑은 원래 소유할 수 없는 것이다.

□

사랑할 시간이 어디 있으랴!
불꽃보다 뜨겁게 사랑할 시간도 부족하거늘.

□

내일 지구의 종말이 올지 모른다기에
매일 아침 나는 '사랑한다'고 말했다.

□

어떤 대가도 치를 수 있지만
어떤 대가도 요구하지 않는 것, 그것이 사랑이다.

□

가시가 있다고 장미와 싸우지 말라.
장미를 사랑한다면 꽃과 가시를 모두 사랑하라.

■

세상에서 가장 불행한 사랑은 이별로 끝나는 사랑이 아니라
후회로 끝나는 사랑이다.

■

청년 시절의 사랑은 스캔들
중년 시절의 사랑은 로맨스
노년 시절의 사랑은 에피소드.

■

사랑에 빠진 사람에게 연인의 결점이란 동전의 옆면과 같다.
대개 있는 줄조차 모르니까.

■

친구란 괴로운 일이 생기면 함께 술잔을 부딪치는 사람
연인이란 그 술잔 속에 얼굴이 떠오르는 사람.

■

가장 많이 사랑한 사람이 가장 깊은 상처를 주지만
가장 깊은 상처를 받은 사람이 가장 큰 사랑을 한다.

■

연애와 인생은 자동차 운전과 같다. 액셀러레이터를 밟을 때와
브레이크를 밟을 때를 구별할 줄 알아야 한다.

■

사랑이란 신이 인간을 창조할 때 나름대로 최선을 다했다는 증거.
사랑의 아픔이란 악마 또한 가만히 지켜보고 있지만은 않았다는 증거.

■

사랑은 으레 활화산(活火山)으로 시작해 휴화산(休火山)으로 바뀌고
사화산(死火山)으로 끝을 맺는다. 오직 진실된 사랑만이 활화산으로
시작해 활화산으로 끝을 맺는다.

□

여자가 남자에게 사랑을 고백하는 날은 밸런타인데이
남자가 여자에게 사랑을 고백하는 날은 화이트데이
남자와 여자가 이별을 통보하는 날은? 에브리데이(Everyday)!

□

얼마나 사랑하는지를 말할 수 있다면 그것은 사랑이 아니다.
얼마나 사랑하는지를 물을 수 있다면 그것 또한 사랑이 아니다.
사랑은 눈머는 것이 아니라 입머는 것이다.

□

이상적인 연애 상대를 만날 수 있는 날은 2월 29일
완벽한 결혼 배우자를 만날 수 있는 날은 2월 30일
지금 내 옆에 있는 사람에게 따뜻한 말 한마디를 건넬 수 있는 날은
투데이(Today)!

결혼

□

여자는 이겨도 아내는 이기지 말라.

□

부부 관계에 있어 항복은 행복의 지름길.

□

결혼이란 100번의 이혼과 101번의 재혼.

□

연애란 물드는 일이요, 결혼이란 철드는 일이다.

□

연애는 두근두근, 사랑은 사근사근, 결혼은 천근만근.

□

부부 싸움이란 칼로 물 베기가 아니라 칼로 살 베기다.

□

사랑이란 예술 작품을 만드는 일, 결혼이란 예술 작품을 판매하는 일.

□

행복한 결혼 생활에 필요한 것은
큰 침대가 아니라 배우자의 팔베개다.

□

부부간의 말싸움이란 나침반의 양 끝과 같은 것.
한 번도 같은 방향을 가리키지 않는다.

□

연애 시절에 섬기지 말아야 할 우상은 맹신
결혼 생활에 섬기지 말아야 할 우상은 불신이다.

□

부부 싸움에도 기술이 필요하다.
가장 중요한 첫 번째 기술은
자녀들이 알지 못하게 싸우는 기술이다.

□

하룻밤을 함께 지내도 만리장성을 쌓지만
수십 년을 함께 살아도 마음의 벽을 쌓는 게 남녀 관계.

□

결혼 생활을 시작하려면 사랑과 용기가 필요하지만
결혼 생활을 유지하려면 사과와 용서가 필요하다.

□

부부는 전생의 원수가 만난 것이라고 말하는 사람이 있다.
명심해라. 지금 원한을 풀지 않으면 다음 생에 또 다시 만나게 될 것이다.

□

이혼이란 부모에게는 최악의 상황에 대한 최선의 선택이 될지 모르지만
자녀에게는 최선의 상황에 대한 최악의 선택에 불과하다.

□

사회란 만인에 대한 만인의 투쟁이지만 결혼이란 일인에 대한
일인의 투쟁이다. 그럼에도 결혼이 더욱 힘든 전쟁터라는 사실은
인생의 불가사의다.

□

부부 간의 갈등이란 대개 '배우자' 때문이 아니라 '가르치자' 때문이다.
상대방의 잘못과 실수를 가르치지 말고 자신의 잘못과 실수에서
교훈을 배워라.

□

부부 싸움이란 이길 수 없는 전쟁이며, 이겨서도 안 되는 전쟁이며,
이겨도 지는 전쟁이다. 현명한 부부는 승전보다는 휴전과 평화 협정에
노력을 기울인다.

□

부부 싸움을 하지 않는 유일한 비결 한 가지가 있다.
그것은 결혼을 하지 않는 것이다. 부부 싸움은 결혼 생활의 혼수요,
지참금과 같아 누구도 피해 갈 수 없다.

□

부부 싸움과 갈등은 가위바위보와 같다.
어떤 사람은 끊고, 어떤 사람은 싸우고, 어떤 사람은 악수를 청한다.
당연히 가위보다는 바위가, 바위보다는 보가 낫기 마련이다.

□

성공적인 결혼 생활의 비결은 바꾸려 애쓰지 말고
바뀌려 애쓰는 것이다. 그중에서도 가장 중요한 것은
배우자에 대한 태도를 바꾸는 일이다.
여왕처럼 대하면 왕으로 대접받고
하녀처럼 대하면 하인으로 대접받는다.

\#
인간관계

■

되로 줘라. 말로 받을 것이다.

■

만남은 인연, 관계는 노력이다.

■

모난 사람은 되어도 모진 사람은 되지 마라.

■

인간관계란 너무 가까우면 화상, 너무 멀면 동상.

■

돈, 명예, 권력에 눈멀지 말라. 오직 사람에 눈멀어라.

■

"Give & Take"하지 말고 "Give & Thank you" 하라.

□

성공적인 인간관계의 비결은 마음을 얻는 것이 아니라
마음을 주는 것이다.

□

인간의 삶을 명품으로 만들어 주는 것은 옷이나 가방이 아니라
손품, 발품, 머리품, 그리고 인품과 베풂이다.

□

사람이 돈보다 먼저라고 생각하라.
그렇지 않고 돈이 사람보다 먼저라고 생각하면
그는 '돈 사람'이 된다.

□

꼽게 보지 말고 곱게 보라.
세상에 나보다 못한 사람은 없나니
세상을 곱게 보고 사람을 곱게 보라.
곱게 보는 것이 고운 인생을 사는 길이다.

사람들로부터 인정(認定)을 받는 일은 매우 중요하다.

그렇지만 그보다 더 중요한 것은

사람에 대한 인정(人情)을 잃지 않는 일이다.

가장 반가운 것이 사람이며 가장 무서운 것이 사람이다.
가장 가까운 것이 사람이며 가장 먼 것이 사람이다.
무섭고 먼 사람이 아니라 반갑고 가까운 사람이 되어라.

인생을 1류 드라마로 만들어 살고 싶다면
스승이 될 만한 사람을 찾아가 이렇게 말하라.
"내 인생에 출연해 주세요. 당신이 출연해 주면 내 인생이 멋진 한 편의
영화가 될 것입니다."

사람들을 만나면 항상 마음속으로 '나소너소우소'를 명심하라.
"나는 소중하다. 너도 소중하다. 우리는 모두 소중하다."
그리고 그 소중한 사람을 소중하게 대하라.
틀림없이 좋은 인연이 만들어질 것이다.

■

적을 만들지 말라. 친구는 성공을 가져오지만
적은 위기를 가져오고 애써 얻은 성공을 무너뜨린다.
조직이 무너지는 것은 3%의 반대자 때문이며
열 명의 친구가 한 명의 적을 당하지 못한다.

■

누구나 좋은 인연을 만들 수 있는 최고의 비결이 한 가지 있다.
그것은 '나뿐'이라고 생각하는 것이 아니라 '너뿐'이라고 생각하는 것이다.
세상에 단 한 사람뿐인 것처럼 상대방을 대하라.

■

길을 걸어가는데 돌이 가로막고 있다면 잠시 그 위에 앉아 쉬었다 가면
된다. 마차를 타고 가는데 돌이 가로막고 있다면 마땅히 그 돌을 치우거나
피해 가야 한다. 인연이란 이와 같은 것. 선연(善緣)과 악연(惡緣)이 따로
존재하지 않으니 돌을 탓하지 말고 나를 돌아보라.

■

사람이 길이요, 스승이요, 향기 나는 꽃이다.
인생의 길흉화복은 선연과 악연에서 비롯되는 법이니
항상 따뜻한 말과 따뜻한 행동을 하고 차가운 말과 차가운 행동은 피하라.
사슴은 먹이를 발견하면 무리를 불러 모으고 별은 혼자 빛나지 않는다.
사람은 사람과 함께 살아야 사람이다.

■

모두가 내 탓이다. 아랫사람과 관계가 좋지 못하면 리더십에 문제가
있는 것이요, 동료와의 관계가 좋지 못하면 파트너십에 문제가 있는
것이다. 윗사람과의 관계가 좋지 못하면 팔로우십에 문제가 있는 것이요,
아내와의 관계가 좋지 못하면 스킨십에 문제가 있는 것이다. 인생이란
배의 항로는 리더십, 파트너십, 팔로우십, 스킨십이라는 노를 어떻게
젓느냐에 따라 달라진다는 사실을 기억하라.

■

인간관계와 만남을 바라보는 데는 세 가지 방법이 존재한다. 한
가지는 '사람이 재산'이라고 생각하는 것이요, 다른 한 가지는 '사람이
운명'이라고 생각하는 것이다. 마지막 한 가지는 '사람이 우주'라고
생각하는 것이다. 그런데 재산은 잃어버릴 수 있고 운명은 바뀔 수
있지만 우주는 영원히 나와 함께 존재한다. 따라서 누군가를 만났다면
새로운 우주를 만난 것이요, 누군가에게 아픔을 주었다면 우주 전체에
상처를 입힌 것이요, 누군가가 떠나갔다면 우주 전체와 이별한 것이라고
생각하라. 잘났건 못났건 한 명의 사람이 곧 하나의 우주다.

말

■

언어는 영혼의 거울.

■

독설은 독약의 이복형제.

■

말솜씨는 투박해도 말씨는 고운 사람이 되어라.

■

과일은 제철이 제맛. 사과 역시 마찬가지.

■

불평이란 마약과 같다. 한 번 중독되면 벗어나기 어렵다.

■

욕심과 불평에는 끝이 없고 감사와 칭찬에는 뒤끝이 없다.

■

침묵이란 인간이 입으로 할 수 있는 가장 위대한 일이다.

□

늘변은 달변을 이기지 못 하고
달변은 침묵을 이기지 못 한다.

□

달변은 사람을 설득시킬 수 있지만
진심은 사람을 감동시킬 수 있다.

□

탓하지 말고 흉보지 말라.
인간이 탓하고 흉볼 수 있는 건 오직 자기 자신뿐이다.

□

감투는 그 사람의 신분을 알려 주지만
말투는 그 사람의 인격을 알려 준다.

□

인생을 뒷담화로 낭비하는 사람이 있고
인생을 담화문에 투자하는 사람이 있다.

□

몸의 건강을 위해서는 소식(小食)을 하고
마음의 건강을 위해서는 소언(小言)을 하라.

□

어리석은 사람의 입이 원하는 건 면책 특권
현명한 사람의 입이 원하는 건 묵비권.

□

누군가와 담을 쌓고 싶으면 악담을 하고
누군가의 담을 무너뜨리고 싶으면 농담을 하라.

□

언제 화장실 문을 열고 닫아야 하는지는 알면서도
언제 입을 열고 닫아야 하는지는 모르는 것이 인간.

□

말꼬리를 붙잡고 늘어지는 사람이 있다. 조심하라.
틀림없이 언젠가는 뒷발굽에 차이는 날이 올 것이다.

■
인간에게 두 개의 귀, 한 개의 입이 있는 이유는
듣기를 두 배로 하라는 뜻이 아니라 말하기를 반으로 줄이라는 뜻이다.

■
촛불에 데었다고 며칠씩 촛불을 원망하며 지내는 사람은 없다.
그런데 왜 누군가의 말에 데인 상처는 그렇게 하지 않는가?

■
누군가를 비판하려는데 마음이 아프지 않다면 차라리 입을 다물어라.
신이 혀를 입속에 넣어 둔 이유는 아무 때나 함부로 사용하지 말라는
뜻이다.

소통은 이해시키는 것이 아니라 이해하는 것이다.
소통은 말하는 것이 아니라 듣는 것이며, 듣는 것이 아니라
마음을 읽는 것이다. 소통은 복화술이 아니라 독심술이다.

칼은 1m 떨어진 곳에 있는 사람을 해칠 수 있고, 화살은 100m 떨어진
곳에 있는 사람을, 총은 1,000m 떨어진 곳에 있는 사람을 해칠 수 있지만
입에서 나오는 말은 지구 반대편에 있는 사람도 해칠 수 있다.

'살 맛 안 난다'고 말하지 마라. 그런 말은 식인종이나 하는 말이다.
'힘들어 죽겠다'고 말하지 말라. 힘들면 그저 힘 빼면 된다.
내 마음에 전쟁을 불러오는 말(지겨워, 미워, 두려워)을 사용하지 말고 내
마음을 따뜻하게 해 주는 말(사랑해, 미안해, 감사해)을 사용하라. 성공과
실패도, 행복과 불행도 내가 어떤 말을 사용하느냐에 달려 있다.

마음
다스리기

■

분노란 미친 말과 같다.

다스리려 애쓰지 말고 뛰어내려야 한다.

■

수심(愁心)에 가득 찬 얼굴보다 불행한 것은

복수심에 가득 찬 얼굴이다.

■

화란 성냥불과 같다.

옮아 붙지 않도록만 조심하면

이내 꺼지기 마련이다.

■

1초만 지나도 전생(前生)이다.

항상 현생에 살고 전생의 일은

모두 잊어버려라.

□

탐욕과 분노는 황색 신호등과 같다.
멈춰야 하는 줄 알면서도 대부분 그대로 직진한다.

□

화가 목구멍까지 치밀어 오를 때는
오직 두 가지 해결 방법이 존재할 뿐이다.
첫째, 입을 다물어라.
둘째, 이를 악물어라.

□

누군가의 잘못을 용서하기 어렵다면
그의 가슴에 '초보 인생'이라는 표지가
붙어 있다고 생각하라.
어쩌면 그 밑에 작은 글씨로 이렇게 적혀 있을지도 모르니까.
"저도, 제가 무서워요."

□

용서란 신이 자신의 모습을 닮을 수 있도록 사람에게 내려 준
특별한 축복이다. 우리는 그 기회를 놓치지 말아야 한다.
누군가를 용서하려는데 마음이 내키지 않는다면 명심하라.
용서란 상대방을 위한 것이 아니라 나를 위한 것이라는 사실을.

Lucky
Gool

■

누군가를 미워한다는 것은 그에게 기대감을 갖고 있었다는 뜻이다.
내가 기대하는 대로 행동하지 않기 때문에 그가 미워지는 것이다.
그렇다면 이렇게 생각해 보는 건 어떨까?
'나는 그를 미워하는 것이 아니라 그의 행동에 실망을 느꼈을 뿐이다.'
미움은 실망의 다른 모습일 뿐이며, 실망은 그의 책임이 아니라
전적으로 나의 책임일 뿐이다.

■

마음속에 분노가 치밀어 오르면 "과연 이렇게까지 화를 낼 필요가
있을까?"라고 스스로에게 질문해 보라.
그렇지 않다고 생각되면 화를 낼 필요가 없고
그렇다고 생각되면 더욱 화를 내서는 안 된다.
그것은 분노로 해결되지 않는 매우 심각한 문제일 것이기 때문이다.
가벼운 문제는 웃고 넘어가고 중요한 문제는 분노가 아니라
해결책을 찾아라.

■

누군가가 비난의 화살을 쏘면 가슴에 꽂아 두지 마라.

화살을 뽑지 않으면 상처가 깊어지고 가슴이 썩게 된다.

그러면 복수심에 사로잡혀 상대방의 가슴에 다시 화살을 꽂게 된다.

결국 적과 원수가 만들어지고 인생의 악연이 생겨나는 것이다.

물론 다른 사람의 잘못을 너그럽게 용서하는 것은 절대로 쉬운 일이

아니다. 그렇지만 가슴에 화살을 꽂은 채 평생을 살아간다면

그 또한 너무나 어리석은 일 아니겠는가?

비난이나 비판은 가슴에 담아 두지 말고 흘려보내라.

쓸데없는 원망과 증오로 내 가슴을 썩게 만들지 마라.

잊지 마라

잊지 마라.
너만 그런 것이 아니다.
청춘만 그런 것도 아니고
여자만 그런 것도 아니다.
가난한 사람만 그런 것도 아니고
아픈 사람만 그런 것도 아니다.
실패한 사람만 그런 것도 아니고
불행한 사람만 그런 것도 아니다.
떠나보낸 사람만 그런 것도 아니고
떠나온 사람만 그런 것도 아니다.
사람이라 그런 것이고
인생이라 그런 것이다.
모두가 다 그렇고
누구나 다 그런 것이다.

IV

마음은 빈 상자와 같다

\#

배움

□

비움은 배움의 스승이다.

□

모든 관념은 고정 관념이다.

□

가장 뛰어난 관점은 겸손이다.

□

세상에서 가장 작은 잔은? 쪼잔.

■

책이란 영혼의 산책이요, 양심의 가책이요,
성공과 행복의 묘책이다.

■

많이 배웠다고 자만하지 마라.
가방끈이 길면 땅에 끌리기 마련이다.

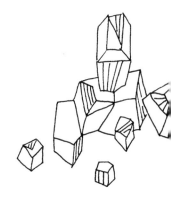

■

하루에 한 가지씩 그 날의 배울 점을 찾아라.
삶이 현명해질 것이다.

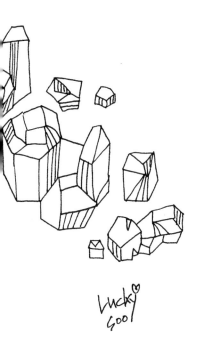

독서와 사색을 즐겨라.
독서는 지혜의 리필이요
사색은 영혼의 업데이트다.

지혜와 겸손은 시소와 같다.
한쪽이 높아질수록 다른 한쪽은 낮아진다.

겸손은 성공하는 사람의 패스워드요
자만은 실패하는 사람의 패스워드다.

무엇이든 적어라.
암기하는 것은 머리에 남지만
기록하는 것은 역사에 남는다.

운명을 바꾸는 데는 두 가지 방법이 있다.
하나는 책이요, 다른 하나는 사람이다.

무언가를 고민하는데 어떻게 해야 좋을지
갈피를 잡을 수 없다면 책갈피 속에서 길을 찾으라.
책이란 인생의 스승이요, 나침반이다.

■

청년이란 '왜?'라는 질문이 많은 사람이요
중년이란 '어떻게?'라는 질문이 많은 사람이고
노년이란 '언제?'라는 질문이 많은 사람이다.

■

부자가 되려면 버는 일보다
쓰는 일에 관심을 가져야 한다.
머리와 시간 그리고 돈을 쓰는 세 가지 방법에 의해
부자와 빈자가 결정된다.

□

젊어서는 자신이 세상을 바꾸려 노력하고
중년에는 세상이 자신을 바꾸지 않도록 노력하고
노년에는 세상이 자신을 바꾸도록 노력하라.

□

매일 저녁 색안경을 벗고, 생각의 옷을 갈아입고, 마음의 때를 씻어라.
아집과 편견은 지혜로운 인간이 되기 위해 물리쳐야 할 최대의 적이다.

□

나는 사람들이 말하는 어떠한 성공(成功)도 추구하지 않는다.
성불(成佛)도 내가 원하는 것은 아니다.
내가 유일하게 바라는 것은 스스로 온전한 성인(成人)이 되는 일뿐이다.

□

모르는 것을 아는 척하기란 어렵다.
그렇지만 아는 것을 모르는 척하기란 더욱 어렵다.
어리석은 사람은 모르는 것을 아는 척하고
현명한 사람은 아는 것도 모르는 척한다.

■

세상에는 세 가지 지혜가 있다.

인생이 제때마다 알려 주는 것들

인생이 뒤늦게 알려 주는 것들

인생이 절대로 알려 주지 않는 것들.

현명한 삶을 살기 위해서는

인생이 뒤늦게 알려 주는 것들, 그리고 **인생이 절대로 알려 주지**
않는 것들에 더욱 많은 관심을 가져야 한다.

지혜

■

즐길 수 없다면 피하라.

■

사회는 네트워크요, 인생은 네트워킹이다.

■

인간이 이념을 만들고 이념이 인간을 부린다.

■

근면은 일생의 빛이요, 게으름은 일생의 빚이다.

세상을 따뜻하게 만드는 건
컴퓨터가 아니라 키스다.

남자에게 필요한 건 비너스
남편에게 필요한 건 보너스.

종교란 과학자에게는 대안이요, 철학자에게는 위안이다.

정치란 수건돌리기와 같다. 항상 떠넘기기에 급급하니까.

신용은 돈으로 얻을 수 있지만 신뢰는 돈으로도 살 수 없다.

□

세상을 주름잡을 수는 있어도
얼굴의 주름은 잡을 수 없다.

□

대중에 휩쓸리지 마라.
유행은 대개 우행(愚行)의 형제자매다.

□

에티켓을 잘 지켜라. 예의는 넥타이와 같고 무례는 올가미와 같다.

□

범사에 분노하라. 불만은 진보의 아버지요, 분노는 진보의 어머니다.

□

다수결은 민주주의의 원칙이지만 소수자 보호는 민주주의의 양심이다.

□

교만한 자의 입속에는 독사가 자라고
겸손한 자의 입속에는 꽃이 자란다.

□

물리적 거리를 좁혀 주는 건 디지털이지만
마음의 틈을 좁혀 주는 건 아날로그다.

□

'정의는 평등하지 못하고 평등은 정의롭지 못하다'는 것이
민주주의의 영원한 딜레마.

□

인기란 장례식에 참석하는 문상객과 같다.
최고의 찬사를 바치지만 곧 잊어버리고 만다.

□

남자의 자신감은 지갑의 두께에 정비례하고
여자의 자신감은 주름의 깊이에 반비례한다.

누구나 손만 있으면 실천할 수 있는 세 가지 위대한 일이 있다.
기도와 악수, 그리고 박수.

■

머리는 현명하게, 가슴은 따뜻하게, 입은 부드럽게,
손은 친절하게, 발은 신중하게 사용하라.

■

청년 시절에는 가장 멀리 날고
중년 시절에는 가장 높게 날고
노년 시절에는 가장 낮게 날아라.

■

돈의 노예가 되면 몸이 비굴해지고
사랑의 노예가 되면 마음이 초라해지고
감정의 노예가 되면 영혼이 황폐해진다.

■

겸손은 인간관계를 성공으로 이끄는 디딤돌이요
교만은 인간관계를 실패로 이끄는 걸림돌이다.
겸손한 자에게는 적이 없고, 교만한 자에게는 친구가 없다.

■

지갑 속에는 돈을
주머니 속에는 열쇠를
머릿속에는 지혜를
가슴속에는 열정을
눈 속에는 사랑을
입속에는 겸손을
주먹 속에는 용서를
신발 속에는 용기를
갖고 다녀라.

■

어린아이를 달콤하게 만드는 것은 초콜릿
청년을 달콤하게 만드는 것은 키스
중년을 달콤하게 만드는 것은 자녀의 웃음소리
노년을 달콤하게 만드는 것은 연금
모든 사람을 달콤하게 만드는 것은 칭찬.

시간

◼

오늘은 다시 돌아가고 싶은 어제다.

◼

신이 모든 사람에게 공평하게 내려 준 재산이 시간.
신이 모든 사람에게 공평하게 내려 준 재능이 미소.

◼

일주일 중에서 가장 즐겁고 행복한 날은? 선데이(Sunday).
일주일 중에서 가장 힘들고 피곤한 날은? 투데이(Today).

◼

미래에 대해서는 별다른 관심이 없다.
나의 마음을 사로잡는 것은
"지금 이 순간, 가슴 뛰는 삶을 살고 있는가?"
라는 문제뿐이다.

■

매일 아침 눈을 뜰 때면 이렇게 생각하라.

"하루는 인생의 일부가 아니라 일생의 전부다.

오늘의 역사는 오늘 끝나며 내 인생에 덤은 없다."

■

자서전은 대필할 수 있지만 인생은 직접 써야 하고

자서전은 교정할 수 있지만 인생은 고쳐 쓸 수 없다.

오늘 하루를 인생의 명장면으로 만들어라.

■

매일 아침 눈을 뜨는데 왜 조금 더 현명하게 살지 못하는가?
매일 밤 눈을 감는데 왜 조금 더 너그럽게 살지 못하는가?
어제보다 더 현명하게, 어제보다 더 너그럽게 살지 못했다면
오늘은 실패한 하루다.

■

"오늘 또 인생의 하루가 줄어들었다."고 한탄하지 말라.
"오늘 또 치열하고 진실되게 산 인생의 하루가 늘어났다."고 말하라.
참다운 인생은 하루하루 줄어드는 것이 아니라 가치 있게 산 날들이
하루하루 늘어나는 것이다.

■

세상에서 황금이나 소금보다 소중한 것은 '지금'이라 말한다.
아마도 어떤 사람은 '현금'이라고 말하고 싶을 것이다.
나는 이렇게 밀하고 싶다. 세상에서 가장 소중한 것은 '지금'이지만
세상에서 가장 소중했던 것은 '방금'이라고.

\#
청춘

■

청춘은 길 위에 있다.

■

청춘이여, 걱정에 사로잡히지 말고 격정에 사로잡혀라.

■

청춘과 사랑은 바람과 같다. 느끼는 순간 지나가 버린다.

■

청춘에게 물을 수 있는 죄는 오직 한 가지뿐이다. 청춘을 낭비한 죄.

■

꾸밈없는 젊음은 아름답지만 꿈 없는 젊음은 빈곤하다.
젊어서는 얼짱보다 꿈짱이 되어라.

■

누군가에게 '꿈같은 소리를 하고 있다'는 말을 들어 본 적이 있는가?
만약 없다면, 그는 청춘이 아니다.

□

젊은이여, 실패를 두려워 말라.
우리가 배워야 할 인생의 지혜는 공자, 맹자, 순자가 아니라
패자가 더 많이 알려 주는 법이다.

□

젊은이여, 야구 방망이를 휘둘러라.
홈런을 칠 수 있을 것이다.
골프채를 휘둘러라. 홀인원을 할 수 있을 것이다.
아무에게나 주먹을 휘둘러라.
인생을 공치게 될 것이다.

□

젊었을 때 "내 인생은 앞으로 어떻게 될까?"라는 질문에
진지하게 대답하라. 그렇지 않으면 늙었을 때,
"내 인생이 어쩌다 이렇게 됐을까?"라고 묻게 될 테니.

□

젊은이여, 꿈을 기다리지 마라.
그것은 찾아오는 것이 아니라 발견하는 것이요
발견하기보다는 정립하는 것이다.
자신의 인생에 대한 자주적인 인간의 독립 선언문, 그것이 바로 꿈이다.

◻

젊은이여, 꿈이 없다고 기죽지 마라. 목적지가 정해져 있다고
반드시 더 멋진 여행이 되는 것은 아니다.
능력이 없다고 원망하지 마라. 천부적인 재능은 하늘의 뜻이지만
초인적인 능력은 사람의 의지에 달려 있다.
실패했다고 자책하지 마라. 누구나 돌부리에 걸려 넘어지지만
그렇다고 인생이 끝나는 것은 아니다.
오직 한 가지만 명심하라. 여행을 망치고 싶지 않다면
즐거운 마음으로 여행해야 한다는 사실을.
그리고 인생이라는 여행 또한 마찬가지라는 사실을.

◻

젊은이여, 인생을 되는 대로 막 살아라. 하고 싶은 일을 하고,
먹고 싶은 것을 먹고, 입고 싶은 것을 입어라. 보고 싶은 것을 보고,
듣고 싶은 것을 듣고, 하고 싶은 말을 하라. 가고 싶은 곳을 가고,
만나고 싶은 사람을 만나고, 사랑하고 싶은 사람을 사랑하라.
떠나고 싶을 때 떠나고, 머무르고 싶을 때 머무르고,
돌아오고 싶을 때 돌아오라. 되는 대로 살고, 끌리는 대로 살아라.
그러면 머지않아 깨닫게 될 것이다.
방황은 청춘의 특권이지만
청춘은 인생의 면죄부가 아니라는 사실을.

■

젊은이에게 필요한 최고의 성공 비결은 스승을 찾는 것이다.

성공하고 싶다면 스승을 찾아라.

다른 사람의 실패를 반복하고 싶지 않다면 스승을 찾아라.

인생을 지혜롭게 살고 싶다면 스승을 찾아라.

행복의 비결이 궁금하다면 스승을 찾아라.

꿈을 갖고 싶다면 스승을 찾아라.

평생의 조언자가 필요하다면 스승을 찾아라.

생각과 행동의 변화가 필요하다면 스승을 찾아라.

위로와 격려가 필요하다면 스승을 찾아라.

70억 명이 넘는 인구 중에 스승 한 사람을 찾지 못한다면

그가 인생에서 발견할 수 있는 것이란 도대체 무엇이겠는가?

영혼

□

사람의 몸은 이따금씩 휴식을 필요로 한다.
영혼은 더더욱 그러하다.

□

몸무게에는 관심이 많으면서도
영혼의 무게에는 관심이 없는 것이 사람.

□

몸의 때는 물로 씻고
마음의 때는 책으로 씻고
영혼의 때는 눈물로 씻어라.

☐

친구를 찾고 싶으면 집 밖으로 나가고
나를 찾고 싶으면 마음속으로 들어가라.

☐

평화를 지키기 위해 전쟁을 치러야 할 때가 있다.
영혼의 평화 또한 마찬가지.

☐

매일 아침 몸을 일으키지만 하루 종일 영혼이 잠자고 있다면
그것은 죽은 하루다.

☐

마음의 상처란 대부분 자기 자신에게 달려 있다.
상처는 절대로 받지 말고, 입지 말고, 키우지 마라.

☐

마음은 빈 상자와 같다.
보석을 담으면 보물 상자가 되고
쓰레기를 담으면 쓰레기 상자가 된다.

■

'하나도 변한 게 없다'는 말은 얼굴에 대한 최상의 칭찬이지만
영혼에 대해서는 최악의 모욕이다.

■

'영혼을 팔아서라도 이루고 싶은 꿈'은 소중하다.
그렇지만 '꿈을 포기해서라도 잃어버리고 싶지 않은 영혼'은
더욱 소중하다.

■

커피의 맛을 좌우하는 것은 설탕의 양이 아니라 커피의 향이다.
인생 또한 마찬가지. 돈이나 명성이 아니라
영혼의 향이 인생의 멋과 깊이를 좌우한다.

■

캘린더에 한 달에 한 번 '나의 날'을 만들어라.
인간은 왜 자신이 세상에서 가장 소중한 존재라고 믿으면서도
정작 자신을 위한 기념일 하나 만들지 못한 채 살아가는 걸까?

■

영혼에도 분리수거의 날을 정하라.
교만과 허영의 빈 깡통, 불평과 불만의 폐지, 원망과 질투의 페트병,
탐욕과 이기심의 고철 덩어리를 일주일에 한 번씩 내다 버려라.
깨끗한 집보다 중요한 것은 깨끗한 영혼을 만드는 일이다.

■

누구나 평생 부자로 사는 비결이 하나 있다.
돈이 많을 때는 돈 부자, 일이 많을 때는 일 부자, 돈과 일이 없으면
시간 부자, 시간마저 없을 때는 사람 부자로 살면 된다.
세상에서 가장 큰 부자는 곳간이 풍요로운 사람이 아니라
영혼이 풍요로운 사람이다.

■

내가 이룬 성공은 든든한 후원자 한 명 덕분이다.
실패와 좌절을 겪을 때마다 그는 언제나 따뜻한 위로와 격려를
보내 주었다. 그가 내미는 손에 힘입어 나는 넘어진 자리에서
다시 일어설 수 있었다. 변함없이 나를 지켜 준 후원자,
그의 이름은 '내 마음속의 자아'다.

■

인생에는 세 개의 통장이 있다. 하나는 돈과 재물의 통장이요,
다른 하나는 인간관계의 통장이요, 마지막 하나는 영혼의 통장이다.
첫 번째 통장은 마이너스가 될 수도 있지만, 두 번째 통장은 항상 잔고를
유지해야 하고, 세 번째 통장은 조금씩 잔고를 늘려 나가야 한다.
돈 부자보다는 사람 부자가 되고, 사람 부자보다는 영혼 부자가 되어라.

아깝다

화를 내는 시간이 아깝다.
슬픔에 젖어 있는 시간이 아깝다.
다른 사람을 비난하는 시간이 아깝다.
지나간 일을 후회하는 시간이 아깝다.
다른 사람이 가진 것을 부러워하는 시간이 아깝다.
아직 다가오지 않은 일을 걱정하는 시간이 아깝다.
모든 것은 흘러가고 다시 돌아오지 않으니
지금 이 순간이 참으로 아깝지 않은가.
아까운 인생을 불행의 시간으로 흘러보내지 말라.
불행을 선택하기에는 인생이 너무 짧다.

V

삶은 동사가 아니라
감탄사로 살아야 한다는 것을

#
행복

□

행복에는 두 가지 지름길이 있다.
하나는 감사, 다른 하나는 감동이다.

□

꿈에는 등급이 없고
성공에는 대역이 없고
행복에는 극본이 없다.

□

성공을 찾으려면 눈에 불을 켜고
행복을 찾으려면 마음에 불을 밝혀라.

□

행복의 길은
혼자 걸어가기에는 너무 좁고
함께 걸어가기에는 충분히 넓다.

■

진정한 행복이란
잃고 싶지 않은 것이라기보다는
함께 나누고 싶은 것이다.

■

행복은 택배로 배달되지 않는다.
행복은 내가 스스로에게 주는 정성 어린 선물이다.

■

때로는 '인생이 조금 불행하면 또 어때!'라는 생각이
나를 행복하게 만들어 주었다.

■

삶에 필요한 것을 얻어라. 행복해질 것이다.
삶에 불필요한 것을 버려라. 더욱 행복해질 것이다.

■

인간이 불행한 존재라는 사실에 대해서는 두말할 필요 없다.
자신이 얼마나 행복한지조차 모른 채 살아가니까.

■

"10년만 더 젊었더라면"이라고 말하는 사람보다는
"10년 더 늙지 않았으니"라고 말할 줄 아는 사람이 행복하다.

■

낮에 '행복의 비결은 좋은 생각을 하는 것'이라 생각했는데
밤에 '행복의 비결은 아무 생각을 하지 않는 것'이라 생각하네.

■

신이 실패와 좌절이라는 물웅덩이를 만들어 놓았다는 것은 분명한 사실.
그렇지만 그것을 불행이라는 늪으로 만드는 것은 인간 자신.

■

지금 행복해라. 내 인생은 나의 것이지만 내일은 나의 것이 아니다.
미래를 위해 현재를 희생하지 말고 지금 이 순간을 즐겨라.

■

행복이라는 바닷가에 도착하기 위해 반드시 성공이라는 산을
넘어야 할 필요는 없다는 사실을 사람들은 대개 산 중턱쯤에 이르러서야
깨닫곤 한다.

■

성공이 100m 경주라면
인생은 42.195km 마라톤이요, 행복은 경보다.
성공은 빨리 달려야 하고
인생은 끈기 있게 달려야 하고
행복은 천천히 달려야 한다.

■

행복의 문으로 입장하고 싶다면
열쇠를 찾으려 두리번거리기 전에 먼저 문이 잠겨 있는지 확인하라.
대개 행복으로 들어가는 문에는 자물쇠가 채워져 있지 않다.

■

삶은 시시각각 우리 앞에 놓이는 갈림길이다.
과거에 대한 추억과 한탄, 현재에 대한 감사와 불평,
미래에 대한 설렘과 두려움 중에서 어느 길을 택하느냐에 따라
행복과 불행이 결정된다.

■

언제, 어디서나, 누구든지, 즉시 행복해질 수 있는 비결이 한 가지 있다.

그것은 바로 '나는 행복하다'고 생각하는 것이다.

'행복하다'고 생각할 수 있는 사람이 행복하고

'행복하다'고 생각할 수 없는 사람이 불행하다.

■

돈이 많은 사람은 명예를, 명예를 얻은 사람은 권력을,

권력을 얻은 사람은 청춘을, 청춘을 가진 사람은 멋진 외모를,

멋진 외모를 지닌 사람은 돈이 많은 사람과 비교하며

스스로 불행의 늪에 빠진다.

행복한 삶을 원한다면 비교와 시샘을 버려라.

인생의 목적이 행복이라고 말하는 것은
촛불의 목적이 뜨거워지는 것이라고 말하는 것과 마찬가지다.
촛불의 목적은 세상을 밝히는 것이요
인생의 목적은 자신의 영혼을 밝히는 것이다.
행복은 인생의 목적이 아니라 부산물이다.

사실 행복의 비결은 간단하다. 그저 좋은 생각을 하면 된다.
좋은 생각을 하면 좋은 말, 좋은 행동이 나오고
결국 좋은 삶이 만들어진다.
나와 너 그리고 세상에 대해 좋은 생각을 하라.
과거, 현재, 미래에 대해 좋은 생각을 하라.

■

세상에는 매일 불평불만을 늘어놓는 앵무새
어디에서도 만족할 줄 모르고 떠돌아다니는 철새
스스로 행복하게 살아가는 파랑새처럼
세 가지 유형의 사람이 있다.
행복을 얻고 싶다면 앵무새나 철새가 아닌 파랑새가 되어라.

■

'내 삶은 왜 이렇게 불행한 걸까?'라는 생각이 마음속에 떠오르면
스스로에게 다시 질문해 보라. '내 삶은 왜 반드시 행복해야만 하는 걸까?'
행복해야 하는데 행복하지 못하다는 생각이 불행의 가장 큰 원인이다.
행복에 대한 집착과 욕심을 버려라. 조금 덜 불행해질 것이다.

■

행복하지 않은 시간도 행복하게 살아라.
인생에서 저절로 찾아오는 행복은 찰나에 불과할 뿐이다.
만약 우리가 행복한 시간만을 소중히 여긴다면
행복하지 않은 인생의 대부분은 그저 무의미하게 흘러가 버릴 것이다.
미래가 아니라 현재에 살며
내일이 아니라 지금이라는 시간을 행복하게 만들어라.
인생에서 '행복하지 않은 시간'을 소중히 채워 가는 것
그것이 바로 행복이다.

■

니는 행복 방정식을 H=E+P+R이라 생각한다. H는 행복(Happiness), E는 노력(Effort), P는 긍정(Positive), R은 관계(Relationship)를 의미한다. 행복은 노력이다. 행복은 선택하는 것이며 행복한 사람은 스스로 행복해지는 것을 선택했을 뿐이었다. 행복은 긍정이다. 스스로 행복하다고 믿지 않는 한 누구도 행복할 수 없다. 부족한 것보다는 가진 것들에 대해 감사하고 비관보다는 낙관, 부정보다는 긍정할 줄 아는 사람만이 행복할 수 있다. 행복은 관계 속에서 찾아온다. 누군가를 사랑하고, 누군가에게 사랑받고, 서로 베풀고 나누는 관계 속에서 참된 행복을 얻을 수 있다.

■

세잎 클로버의 꽃말은 행복, 네잎 클로버의 꽃말은 행운이다. 흔히 사람들은 눈에 잘 보이지 않는 행운(네잎 클로버)을 찾으려 애쓰기보다는 주변에 가득 널려 있는 행복(세잎 클로버)을 더 소중히 여겨야 한다고 말한다. 그렇지만 달리 생각해 보면 네잎 클로버를 찾으려는 결심과 행동이야말로 보다 높은 차원의 행복이 아닐까? 일상의 평범함에 만족하기보다는 현실에서 이루기 힘든 크고 위대한 꿈, 불가능한 비전에 도전하는 것이야말로 우리가 추구해야 할 가장 가슴 뛰는 행복일 것이다. 세잎 클로버를 소중하게 생각하되 네잎 클로버 찾는 일을 포기하지 마라. 진정한 행복은 만족이 아니라 도전이다.

#
인생

이따금 막막하고 자주 먹먹해도 늘 묵묵하게.

삶은 동사가 아니라 감탄사로 살아야 한다는 것을.

□

인생의 목적은 속도가 아니라 방향이며
도착이 아니라 여정이다.

□

인생을 행복하게 살아가는 비결이 하나 있다.
"참, 다행이야."라는 말을 많이 하라.

□

인생의 정답을 찾으려 애쓰지 마라.
아직 문제가 무엇인지조차 밝혀지지 않았으니.

□

전쟁에서 승리한 영웅에게는 박수를.
인생이라는 전쟁터에서 살아남은 자신에게는 갈채를.

자식의 도리도 못한 채 아비가 되고
아비의 도리도 못한 채 할아버지가 되는 것, 그것이 인생이다.

나이를 먹는다고 누구나 어른이 되는 것은 아니다.
마찬가지로 나이를 먹었다고 누구나 어른이 될 필요가 있는 것도 아니다.

인생은 짧다. 그 말을 입 밖에 내어 말하기에는.
그렇지만 그 말을 천만 번 되풀이 말할 수 있을 만큼은 충분히 길다.

"인생이 한 편의 영화, 또는 한 권의 책이라면 나의 인생에는
어떤 제목이 붙여질까?" 이 질문이 당신의 미래를 결정한다.

■

젊있을 때는 '이대로 그냥 죽고 싶다'며 진저리를 치다기도
늙어서는 '이대로 그냥 죽을 수는 없다'며 몸부림을 치는 것이 인생이다.

■

인생에서 청년 시절은 면, 중년 시절은 선, 노년 시절은 점과 같은 것.
젊었을 때는 방황하고
나이가 들면 반복하며
늙어서는 꼼짝하지 않는다.

■

인생에는 후회할 수 없는 일이 있고, 후회해서는 안 되는 일이 있고,
후회하고 싶지 않은 일이 있다. 그 밖의 후회라면 그야말로
후회할 필요 없는 후회다.

■

누군가에게 위내한 영웅이 되는 것은 인간으로서 추구해 볼만한 목표지만
스스로에게 부끄럽지 않은 사람이 되는 것은
인간으로서 지켜야 할 책임이다.

■

'삶의 회의'라는 단어를 사용하지 말라.

회의가 필요한 곳은 인생이 아니라 직장이다.

'인생무상'이라는 말도 사용하지 말라.

인생에는 공짜가 없으며 성공과 행복은 언제나 유상(有償)이다.

■

인생이 무엇인지, 왜 살아야 하냐고 물어보면

나는 '잘 모르겠다'고 대답할 것이다.

그렇지만 인생을 어떻게 살아야 하느냐고 물어본다면

나는 이렇게 대답할 것이다.

"남과 다르게, 그리고 어제와 다르게 살아라."

■

인생이란 이름의 학교에서 가장 놀라운 일은
단 한 명도 조기 졸업을 원하는 학생이 없다는 사실이다.
그런데 그보다 더 놀라운 일은 대부분의 사람들이 평생 학교생활에 대해
불평불만을 늘어놓는다는 사실이다.

■

인생은 해답지 없는 문제집을 푸는 일이요, 목적지 없이 출항한 배가
항로를 찾는 일이다. 또한 인생은 내가 쓰면 정답이 되는 문제집이요,
내가 지나는 길이 항로가 되는 항해다.
인생은 정답 없는 질문이요, 질문 없는 정답이다.

■

후회 없는 인생을 위해 매일 스스로에게 물어야 할 질문 세 가지가 있다.
첫째, 잘 살기 위해 잘못 살고 있는 것은 아닌가? 둘째, 행복하게 살기
위해 불행하게 살고 있는 것은 아닌가? 셋째, 미래의 성공을 위해 오늘
하루를 실패하고 있는 것은 아닌가?

■

인생은 어찌 보면 철드는 일이다.

봄, 여름, 가을, 겨울, 한 계절, 한 해가 지날수록 철이 드는 일이다.

잠시 일상의 생활을 멈추고 자신의 모습을 돌이켜 보자.

지금 얼마나 철이 들었는가 생각해 보고 인생에 대해, 세상에 대해,

사람들에 대해 조금 더 철이 들도록 노력하자.

이제 우리도 철이 들 나이쯤은 되지 않았을까?

■

인생에서 가장 맛없는 라면은 '했더라면'이다.
"그 때 그 일을 했더라면…."
"그 때 그 일을 하지 않았더라면…."
사람들은 대부분 이런 말을 하며 과거에 대한 미련과 후회로
아까운 시간을 허비하곤 한다.
멋있는 인생을 살고 싶다면 '후회라면'을 끓이지 말고
'이제부터라면'을 끓여라.

■

현실적인 삶을 위해서는 이성이 필요하다,
낭만적인 삶을 위해서는 감성이 필요하다.
그렇지만 올바르고 성숙한 삶을 위해 필요한 것은 반성(反省)이다.
하루에 몇 번이나 자신의 모습을 돌이켜 보고 있는가?
온전한 인격은 오직 반성을 통해서만 가능하다는 사실을 기억하고
하루에 세 번, 자신의 모습을 반성해 보라.
틀림없이 완성된 삶을 살아갈 수 있을 것이다.

■

인생이란 채우는 일과 비우는 일이다.

지식과 정보로 머리를 채우고, 사랑으로 가슴을 채운다.

꿈을 채우고, 지갑을 채우고, 집을 채운다.

그러나 인생이란 비우는 것이 더 중요하다.

다른 사람의 생각을 받아들이려면 머리를 비워야 한다.

욕심이 지나치지 않으려면 마음을 비워야 하고

다른 사람에게 베풀려면 지갑을 비워야 한다.

잘 비우는 사람만이 잘 채울 수 있고

기쁨과 보람으로 가득 찬 인생을 살아갈 수 있다.

여유

□

걱정은 팔자! 웃음은 사자!

□

기뻐서 울 수 있다면 슬퍼도 웃을 수 있다.

□

시간은 멈출 수 없지만, 시계는 꺼 둘 수 있다.

□

행복과 불행 사이의 거리는 한 뼘에 불과하다는 것을.

□

아기에게 필요한 것은 유모, 어른에게 필요한 것은 유머.

□

불행은 고무줄과 같아 잡아당기면 당길수록 계속 늘어난다.

□

세상이 너를 웃세 만들기보다는
네가 세상을 웃게 만들어라.

□

가장 아름다운 꽃은 웃음꽃이요
가장 아름다운 벌레는 헤벌레다.

□

인생이 한 권의 책이라면
휴식과 여행이란 책갈피를 꽂아 두는 일.

□

3, 7은 행운의 숫자. 4, 13은 불운의 숫자.
1, 2, 5, 6, 8, 9는? 아라비아 숫자.

□

나에게는 실패와 불운에 맞서 싸울 수 있는 불체포 특권이 있다.
그것은 유머다.

세상에서 가장 현명한 사람은 빈틈없는 사람이 아니라
쉴 틈을 잘 만드는 사람이다.

성공에는 세 가지 길이 있다. 계단, 에스컬레이터, 엘리베이터.
그렇지만 행복에는 한 가지 길뿐이다. 산책로.

◻

사는 일이 너무 힘들다고 생각될 때
자신의 지친 몸을 두 팔로 꼭 안아 주며 이렇게 말해 보라.
"괜찮아. 수고했어. 다 잘 될 거야."

◻

성공한 인생이란 물음표(?)와 마침표(.) 사이에 느낌표(!)를 적어 넣는
기술. 행복한 인생이란 물음표(?)와 마침표(.) 사이에 쉼표(,)를 적어 넣는
기술.

■

인생이란 기차역에서는 왕복표를 발매하지 않는다.

그래서 그 대신 판매하는 것이 '쉼표'다.

인생이란 달리는 기차가 아니라 중간중간 쉬어 가는 간이역이라는 사실을 기억하라.

■

한 번의 화(火)가 만 가지 화(禍)를 부른다.

참을 인자 셋이면 살인도 면한다고 했으니

마음속에 '화화화'가 생기면 '하하하' 소리 내어 웃어라.

'화'는 눈물을 부르고 '하'는 웃음을 부른다.

■

미소는 아름답다. 미소는 유쾌하다.

혹시라도 다른 사람을 끌어당기고 싶다면 미소를 지어라.

'당기소'는 미소의 반대말이 아니라 미소의 동의어다.

'미소'는 사람을 끌어당기는 강력한 자석이다.

■

기쁨이 찾아올 때 하하하
슬픔이 찾아올 때 허허허
사랑이 찾아올 때 호호호
이별이 찾아올 때 후후후
성공이 찾아올 때 깔깔깔
실패가 찾아올 때 껄껄껄
아침이 밝아올 때 까르르
인생길 걸어갈 때 빙그레.

■

삶이 무겁게 느껴진다면, 이 세상에 처음 도착했을 때를 생각해 보라.
인생이라는 여행에서 신이 허락한 것은 무전여행이거늘
어리석은 사람들이 자꾸만 배낭을 무겁게 꾸리고 있다.
마음의 짐을 모두 내려놓고 빈 몸으로 걸어가라.

■

어떤 사람은 돈벌레로 살다 죽고 어떤 사람은 일벌레로 살다 죽는다.
어떤 사람은 공부벌레로 살다 죽고 어떤 사람은 책벌레로 살다 죽는다.
나에게 어떻게 살고 싶은지 묻는다면
나는 "헤벌레 웃으며 살다 죽고 싶다."고 대답할 것이다.
한 번뿐인 인생이다. 밝은 얼굴로 웃으며 즐겁게 살아 보자.

죽음

□

죽음은 신과의 약속, 삶은 자신과의 약속.

□

내 묘비명에는 이렇게 한 글자만 적어다오. '쉿!'

□

삶에는 재방송이 없고 죽음에는 개봉 박두가 없다.

◾

월계관을 쓴 사람이건 가시관을 쓴 사람이선
죽어서 관 속에 들어가는 것은 마찬가지다.

◾

왜 그렇게 황급히 뛰어가는가?
죽음이란 아무리 천천히 가도 절대로 늦지 않는 법이다.

◾

어리석은 사람은 막으려 애쓰고, 평범한 사람은 잊으려 애쓰고
현명한 사람은 잘 맞으려 노력하는 것, 그것이 죽음이다.

◼

인생이 여행이라면 죽음은 또 다른 여행이 아닐까?
삶의 마지막 순간에 나는 웃는 얼굴로
이렇게 세상 사람들과 작별하고 싶다.
"잘 다녀오겠습니다."

◼

올바르고 가치 있는 인생이 어떤 것인지는 알지 못하지만
적어도 내가 바라는 삶은 마지막 숨을 거둘 때 후회나 두려움으로 인해
주먹을 꽉 쥔 채 죽는 사람은 되지 않는 것이다.

■

신이 프롤로그를 장만하고
인간이 본문을 작성하며
죽음이 에필로그를 장식한다.

그대는 해 보았는가?

해 보려면 '해'가 있어야 한다.
가슴속에 '해'가 있는 사람만이 도전할 수 있다.
해는 꿈이다.
해는 열정이다.
해는 가슴앓이다.
못 견디게 뜨겁고
치열하게 달아오르고
오금 저리게 사무치는 것이다.
밤이면 어둠 속에 가려 있다가도
아침이면 새롭게 솟아오르는 희망이다.
그대는 해 보았는가?

비상

초판 1쇄 발행 2021년 11월 15일

지은이 양광모
그린이 박수현
펴낸이 김선기
펴낸곳 (주)푸른길
출판등록 1996년 4월 12일 제16-1292호
주소 (08377) 서울시 구로구 디지털로 33길 48 대륭포스트타워 7차 1008호
전화 02-523-2907, 6942-9570~2
팩스 02-523-2951
이메일 purungilbook@naver.com
홈페이지 www.purungil.co.kr
ISBN 978-89-6291-939-4 03190